This Personal Expense Tracker Belongs To:

Personal Expense Tracker

Month: **Year:**

Date:	Description Of Expense:	Payment Type:	Amount:

Personal Expense Tracker

Month: **Year:**

Date:	Description Of Expense:	Payment Type:	Amount:

Personal Expense Tracker

Month: **Year:**

Date:	Description Of Expense:	Payment Type:	Amount:

Personal Expense Tracker

Month: **Year:**

Date:	Description Of Expense:	Payment Type:	Amount:

Personal Expense Tracker

Month:			Year:
Date:	**Description Of Expense:**	**Payment Type:**	**Amount:**

Personal Expense Tracker

Month: **Year:**

Date:	Description Of Expense:	Payment Type:	Amount:

Personal Expense Tracker

Month: **Year:**

Date:	Description Of Expense:	Payment Type:	Amount:

Personal Expense Tracker

Month:			Year:
Date:	**Description Of Expense:**	**Payment Type:**	**Amount:**

Personal Expense Tracker

Month:			Year:
Date:	**Description Of Expense:**	**Payment Type:**	**Amount:**

Personal Expense Tracker

Month:			Year:
Date:	**Description Of Expense:**	**Payment Type:**	**Amount:**

Personal Expense Tracker

Month: **Year:**

Date:	Description Of Expense:	Payment Type:	Amount:

Personal Expense Tracker

Month: **Year:**

Date:	Description Of Expense:	Payment Type:	Amount:

Personal Expense Tracker

Month: **Year:**

Date:	Description Of Expense:	Payment Type:	Amount:

Personal Expense Tracker

Month: **Year:**

Date:	Description Of Expense:	Payment Type:	Amount:

Personal Expense Tracker

Month:			Year:
Date:	**Description Of Expense:**	**Payment Type:**	**Amount:**

Personal Expense Tracker

Month: **Year:**

Date:	Description Of Expense:	Payment Type:	Amount:

Personal Expense Tracker

Month: **Year:**

Date:	Description Of Expense:	Payment Type:	Amount:

Personal Expense Tracker

Month: **Year:**

Date:	Description Of Expense:	Payment Type:	Amount:

Personal Expense Tracker

Month: **Year:**

Date:	Description Of Expense:	Payment Type:	Amount:

Personal Expense Tracker

Month: | **Year:**

Date:	Description Of Expense:	Payment Type:	Amount:

Personal Expense Tracker

Month: **Year:**

Date:	Description Of Expense:	Payment Type:	Amount:

Personal Expense Tracker

Month:			Year:
Date:	**Description Of Expense:**	**Payment Type:**	**Amount:**

Personal Expense Tracker

Month: **Year:**

Date:	Description Of Expense:	Payment Type:	Amount:

Personal Expense Tracker

Month: **Year:**

Date:	Description Of Expense:	Payment Type:	Amount:

Personal Expense Tracker

Month: **Year:**

Date:	Description Of Expense:	Payment Type:	Amount:

Personal Expense Tracker

Month: **Year:**

Date:	Description Of Expense:	Payment Type:	Amount:

Personal Expense Tracker

Month: **Year:**

Date:	Description Of Expense:	Payment Type:	Amount:

Personal Expense Tracker

Month: **Year:**

Date:	Description Of Expense:	Payment Type:	Amount:

Personal Expense Tracker

Month: **Year:**

Date:	Description Of Expense:	Payment Type:	Amount:

Personal Expense Tracker

Month: **Year:**

Date:	Description Of Expense:	Payment Type:	Amount:

Personal Expense Tracker

Month: **Year:**

Date:	Description Of Expense:	Payment Type:	Amount:

Personal Expense Tracker

Month: **Year:**

Date:	Description Of Expense:	Payment Type:	Amount:

Personal Expense Tracker

Month:	Year:

Date:	Description Of Expense:	Payment Type:	Amount:

Personal Expense Tracker

Month: **Year:**

Date:	Description Of Expense:	Payment Type:	Amount:

Personal Expense Tracker

Month: **Year:**

Date:	Description Of Expense:	Payment Type:	Amount:

Personal Expense Tracker

Month: **Year:**

Date:	Description Of Expense:	Payment Type:	Amount:

Personal Expense Tracker

Month: **Year:**

Date:	Description Of Expense:	Payment Type:	Amount:

Personal Expense Tracker

Month: **Year:**

Date:	Description Of Expense:	Payment Type:	Amount:

Personal Expense Tracker

Month: **Year:**

Date:	Description Of Expense:	Payment Type:	Amount:

Personal Expense Tracker

Month:			Year:
Date:	**Description Of Expense:**	**Payment Type:**	**Amount:**

Personal Expense Tracker

Month: **Year:**

Date:	Description Of Expense:	Payment Type:	Amount:

Personal Expense Tracker

Month:	Year:

Date:	Description Of Expense:	Payment Type:	Amount:

Personal Expense Tracker

Month:	Year:

Date:	Description Of Expense:	Payment Type:	Amount:

Personal Expense Tracker

Month:			Year:
Date:	**Description Of Expense:**	**Payment Type:**	**Amount:**

Personal Expense Tracker

Month: **Year:**

Date:	Description Of Expense:	Payment Type:	Amount:

Personal Expense Tracker

Month: **Year:**

Date:	Description Of Expense:	Payment Type:	Amount:

Personal Expense Tracker

Month: **Year:**

Date:	Description Of Expense:	Payment Type:	Amount:

Personal Expense Tracker

Month: **Year:**

Date:	Description Of Expense:	Payment Type:	Amount:

Personal Expense Tracker

Month: **Year:**

Date:	Description Of Expense:	Payment Type:	Amount:

Personal Expense Tracker

Month: | **Year:**

Date:	Description Of Expense:	Payment Type:	Amount:

Personal Expense Tracker

Month: **Year:**

Date:	Description Of Expense:	Payment Type:	Amount:

Personal Expense Tracker

Month: **Year:**

Date:	Description Of Expense:	Payment Type:	Amount:

Personal Expense Tracker

Month: **Year:**

Date:	Description Of Expense:	Payment Type:	Amount:

Personal Expense Tracker

Month: **Year:**

Date:	Description Of Expense:	Payment Type:	Amount:

Personal Expense Tracker

Month: **Year:**

Date:	Description Of Expense:	Payment Type:	Amount:

Personal Expense Tracker

Month: **Year:**

Date:	Description Of Expense:	Payment Type:	Amount:

Personal Expense Tracker

Month: **Year:**

Date:	Description Of Expense:	Payment Type:	Amount:

Personal Expense Tracker

Month: **Year:**

Date:	Description Of Expense:	Payment Type:	Amount:

Personal Expense Tracker

Month: | **Year:**

Date:	Description Of Expense:	Payment Type:	Amount:

Personal Expense Tracker

Month: | **Year:**

Date:	Description Of Expense:	Payment Type:	Amount:

Personal Expense Tracker

Month: **Year:**

Date:	Description Of Expense:	Payment Type:	Amount:

Personal Expense Tracker

Month: **Year:**

Date:	Description Of Expense:	Payment Type:	Amount:

Personal Expense Tracker

Month: **Year:**

Date:	Description Of Expense:	Payment Type:	Amount:

Personal Expense Tracker

Month: **Year:**

Date:	Description Of Expense:	Payment Type:	Amount:

Personal Expense Tracker

Month: **Year:**

Date:	Description Of Expense:	Payment Type:	Amount:

Personal Expense Tracker

Month: **Year:**

Date:	Description Of Expense:	Payment Type:	Amount:

Personal Expense Tracker

Month: **Year:**

Date:	Description Of Expense:	Payment Type:	Amount:

Personal Expense Tracker

Month:			Year:
Date:	**Description Of Expense:**	**Payment Type:**	**Amount:**

Personal Expense Tracker

Month: **Year:**

Date:	Description Of Expense:	Payment Type:	Amount:

Personal Expense Tracker

Month: **Year:**

Date:	Description Of Expense:	Payment Type:	Amount:

Personal Expense Tracker

Month:			Year:
Date:	**Description Of Expense:**	**Payment Type:**	**Amount:**

Personal Expense Tracker

Month:	Year:

Date:	Description Of Expense:	Payment Type:	Amount:

Personal Expense Tracker

Month: **Year:**

Date:	Description Of Expense:	Payment Type:	Amount:

Personal Expense Tracker

Month:			Year:

Date:	Description Of Expense:	Payment Type:	Amount:

Personal Expense Tracker

Month: **Year:**

Date:	Description Of Expense:	Payment Type:	Amount:

Personal Expense Tracker

Month: **Year:**

Date:	Description Of Expense:	Payment Type:	Amount:

Personal Expense Tracker

Month: **Year:**

Date:	Description Of Expense:	Payment Type:	Amount:

Personal Expense Tracker

Month: **Year:**

Date:	Description Of Expense:	Payment Type:	Amount:

Personal Expense Tracker

Month: **Year:**

Date:	Description Of Expense:	Payment Type:	Amount:

Personal Expense Tracker

Month: **Year:**

Date:	Description Of Expense:	Payment Type:	Amount:

Personal Expense Tracker

Month:			Year:
Date:	**Description Of Expense:**	**Payment Type:**	**Amount:**

Personal Expense Tracker

Month: **Year:**

Date:	Description Of Expense:	Payment Type:	Amount:

Personal Expense Tracker

Month: **Year:**

Date:	Description Of Expense:	Payment Type:	Amount:

Personal Expense Tracker

Month: **Year:**

Date:	Description Of Expense:	Payment Type:	Amount:

Personal Expense Tracker

Month:	Year:

Date:	Description Of Expense:	Payment Type:	Amount:

Personal Expense Tracker

Month: **Year:**

Date:	Description Of Expense:	Payment Type:	Amount:

Personal Expense Tracker

Month: **Year:**

Date:	Description Of Expense:	Payment Type:	Amount:

Personal Expense Tracker

Month:			Year:
Date:	**Description Of Expense:**	**Payment Type:**	**Amount:**

Personal Expense Tracker

Month: **Year:**

Date:	Description Of Expense:	Payment Type:	Amount:

Personal Expense Tracker

Month: **Year:**

Date:	Description Of Expense:	Payment Type:	Amount:

Personal Expense Tracker

Month: **Year:**

Date:	Description Of Expense:	Payment Type:	Amount:

Personal Expense Tracker

Month: | **Year:**

Date:	Description Of Expense:	Payment Type:	Amount:

Personal Expense Tracker

Month: **Year:**

Date:	Description Of Expense:	Payment Type:	Amount:

Personal Expense Tracker

Month:			Year:
Date:	**Description Of Expense:**	**Payment Type:**	**Amount:**

Personal Expense Tracker

Month: **Year:**

Date:	Description Of Expense:	Payment Type:	Amount:

Personal Expense Tracker

Month: **Year:**

Date:	Description Of Expense:	Payment Type:	Amount:

Personal Expense Tracker

Month:			Year:
Date:	**Description Of Expense:**	**Payment Type:**	**Amount:**

Personal Expense Tracker

Month:			Year:
Date:	**Description Of Expense:**	**Payment Type:**	**Amount:**

Personal Expense Tracker

Month: **Year:**

Date:	Description Of Expense:	Payment Type:	Amount:

www.ingramcontent.com/pod-product-compliance
Lightning Source LLC
Chambersburg PA
CBHW070806220526
45466CB00002B/569
* 9 7 8 1 6 5 9 6 1 8 8 2 2 *